Deine ersten 1000 Euro

Schreibe Dein erstes Kindle Buch,
das Dir regelmäßig Geld bringt

Kathrin Hamann

ISBN: 978-1494829544
ISBN-13: 1494829541

EINLEITUNG

1000 Euro mit einem E-Book verdienen?
Das ist der Traum vieler Autoren, die sich auf den Weg machen, im Amazon Kindle Store reich zu werden. Der Weg von der weißen Seite, über das fertige Buch, bis hin zum ersten Verkauf ist nicht so schwer. Um mit dem eigenen E-Book im Amazon Store 1000 Euro zu verdienen, muss man kein Genie sein.

Mit meinem Buch verspreche ich keine Wunder oder Reichtum über Nacht. Was ich dir hier zeige, ist meine eigene Erfahrung mit Amazon und dem Geldverdienen durch eigene E-Books.

Du bekommst von mir meine Schritt-für-Schritt Anleitung, so wie du mit einem eigenen E-Book 1000 Euro verdienen kannst. Dass dies nicht in den kommenden Tagen oder über Nacht der Fall sein wird, ist klar. Wenn du also nach einer schnellen Möglichkeit suchst, mit E-Books reich zu werden, dann ist das vorliegende Buch nichts für dich.

Möchtest du jedoch verstehen, wie du selbst mit Hilfe von Amazon Geld verdienen kannst, dann lies weiter.

Die ersten 1000 Euro mit einem eigenen E-Book sind ein wichtiger Meilenstein. Diese Etappe ist eine Herausforderung und sollte dich reizen. Mit System, der Bereitschaft Neues zu lernen und Zeit zu investieren, wird dir das gelingen.

Der Glaube an Zahlungen für deine Bücher reicht dir nicht aus. Du willst Beweise, dass es Käufer für dein Buch gibt. Bereits für den ersten Verkauf deines Buches bekommst du Geld auf dein Konto. Du wirst gar nicht abwarten wollen und sicher gleich starten. Du wirst regelrecht süchtig danach werden, und dein Tantiemenkonto Tag für Tag kontrollieren.

Dein Ziel sind die ersten 1000 Euro. Aber du solltest dann nicht aufhören, denn es ist in der Tat wesentlich mehr drin. Alles, was du tun musst, ist das Gelernte immer wieder umzusetzen. Setze dir neue Ziele: 2000 Euro, 5000 Euro, 10.000 Euro oder noch mehr. Schreib mir, wenn du so weit bist :-)

Wer bin ich?

Mein Name ist Kathrin Hamann. Hauptberuflich bin ich Ärztin und helfe Menschen, gesund zu bleiben oder wieder rasch gesund zu werden. Nebenbei leite ich seit über 15 Jahren Schreibkurse und unterrichte angehende Autoren, wie aus einer Idee eine gute Geschichte wird. Vor zwei Jahren habe ich meinen eigenen Verlag gegründet und veröffentliche regelmäßig neue eigene Bücher und auch Bücher von befreundeten Autoren und Teilnehmern meiner Schreibkurse.

Einen Großteil meines Einkommens erziele ich aus dem Verkauf meiner Bücher bei Amazon. Viele meiner Freunde und Verwandten waren anfangs skeptisch. Doch der Erfolg meiner Bücher überzeugte die letzten Skeptiker.

Bevor wir ins Detail gehen, wie du ein Buch schreibst, mit dem du die 1000 Euro Marke erreichst, möchte ich dir zeigen, was dich auf diesem Weg erwartet:

#1 - Zeitplanung - Hier werde ich dir mein System vorstellen, welches mir bei der Bucherstellung hilft. So bleibe ich am Ball, setze meine Zeit sinnvoll ein und verliere mein Ziel nicht aus den Augen.

#2 - Werkzeuge - Es gibt verschiedene Wege, ein Buch zu schreiben. Neben einem simplen Schreibprogramm lernst du weitere sehr mächtige Werkzeuge kennen, die kostenlos oder für einen vergleichsweise kleinen Preis zu bekommen sind.

#3 - Themenfindung - Der Erfolg deines Buches ist abhängig von deinem eigenen Interesse an dem Thema und einem interessierten Publikum. In diesem Bereich stelle ich dir mögliche Themen vor und was gute Bücher ausmacht, auch wenn es eine exotische Nische ist.

#4 - Wettbewerb - Kenne deine Mitbewerber und du kannst noch besser werden. Hier zeige ich dir, wie du deine Konkurrenz analysierst und diese Informationen zu deinem Vorteil ausnutzt.

#5 - Schreiben - Wer eMails schreiben kann, der kann auch lernen, ein Buch zu schreiben. Wie das geht, will ich dir in diesem Abschnitt zeigen.

#6 - Titel, Keywords, Beschreibung - Ein erfolgreiches Buch braucht einen guten Titel. Und damit dein Buch gefunden wird, benötigst du passende Keywords. Mit der perfekten Beschreibung verkauft sich dein Buch von allein.

#7 - Cover - Das Cover ist der Blickfang für interessierte Käufer. Ich will dir zeigen, was ein gutes Cover ausmacht und wie du zu einem guten Cover kommst.

#8 - Formatierung - Du hast dein Buch fertig geschrieben, den Titel festgelegt und ein ausgezeichnetes Cover. In diesem Abschnitt erstellen wir daraus dein E-Book zusammen.

#9 - Einstellen bei Amazon - Das wird ein einfacher Abschnitt, in dem dein Buch live zum Verkauf geht.

#10 - Marketing - Amazon legt großen Wert darauf, möglichst viele Produkte zu verkaufen. Dazu gehört auch dein Buch. Was kannst du selbst tun, dein Buch bekannter zu machen.

#11 - Erfolgsstrategien - Was du gelernt und einmal erfolgreich angewendet hast, kannst du immer wiederholen. Was ich dir hier zeige, kann deine Ziele wesentlich näher rücken lassen.

Am Ende jedes Kapitels stelle ich dir Aufgaben, damit du das Gelernte auch gleich anwenden kannst. So wirst du nach dem Durcharbeiten des Buches dein eigenes E-Book fertig haben. Du kannst natürlich auch erst einmal mein Buch lesen und erst später zur Umsetzung schreiten.

Ich wünsche dir viel Spaß beim Lesen, einige AHA-Effekte und viel Erfolg beim Schreiben. Den wichtigsten Tipp noch - fang an und setze deine Ideen um, dann wirst du auch deine Ziele erreichen.

Deine

Kathrin Hamann

INHALT

	Einleitung	
1	E-Book und seine Qualitäten	9
2	Traum E-Book Autor	13
3	Was begeistert dich?	16
4	Gute Werkzeuge	25
5	Gut in der Zeit	31
6	Analyse	34
7	Dein Buch	40
8	Schreibe Dein Buch!	50
9	Inhaltsverzeichnis erstellen	56
10	Formatiere dein Buch!	58
11	Hilfestellung	63
12	Einstellen bei Amazon	65
13	Richtiges Marketing für dein Buch	74
14	Erfolgstrategien	80

1 E-BOOK UND SEINE QUALITÄTEN

Was ein E-Book ist, brauche ich wohl nicht zu erklären. Doch der Vollständigkeit halber, möchte ich es aufführen.

Die wörtliche Übersetzung von "E-Book" lautet elektronisches (digitales) Buch. Hierbei werden alle Inhalte eines Buches in eine digitale Form umgewandelt (Datei) und diese wird dann über das Internet angeboten.

Das E-Book wird immer beliebter, da es schnell und unkompliziert zu kaufen ist. In den meisten Fällen wird es direkt als Download angeboten, was für viele Leser optimal im Urlaub ist. Schneller Zugriff auf eine große Menge Bücher. Egal wo man ist. Hauptsache man hat einen Internetanschluss. Ab wann darf ein E-Book wirklich als "Buch" betitelt werden? Bei einem gedruckten Buch müssen es mindestens 50 Seiten sein (einschließlich Titelseite, Copyright-Hinweis und Widmung). Diese Einschränkung gilt nicht für ein E-Book. Hier gibt es Bücher mit nur 10 Seiten.

Ich kenne einen Guerilla-Internet-Marketer, der ein

dreiseitiges E-Book für 17,97 Euro verkauft!! Das halte ich für Betrug am Kunden. Ganz ehrlich. Aber wenn der Kunde durch das Buch rasch zu der Lösung für ein Problem findet, dann sind kurze E-Books kein Problem. Ich mag kein Geschwafel, wer auf den Punkt kommt und zügig helfen kann, den werde ich sicher wieder lesen.

Ein E-Book benötigt kaum Platz und unterliegt keinen Bestimmungen. Die E-Book Datei ist meist recht so klein, dass sich sehr sehr viele, wirklich sehr viele Bücher auf einem E-Book-Reader speichern lassen.

Es ist natürlich ein erheblicher Unterschied, ob ich in meinen Urlaub mehrere Bücher in den Koffer presse und zum Hotel schleppe, dadurch eventuell Übergewicht bei der Gepäckaufgabe bezahlen muss, oder ob ich einen dünnen eReader mit 2000 gespeicherten E-Books dabei habe. Klasse Vorteil, nicht wahr!
Insbesondere Ratgeber sind oft als E-Books erhältlich. Für große Verlage wäre es viel zu teuer, eine kleine Auflage eines Ratgebers über "Die ökologische Schneckenbekämpfung im Garten" in Druck zu geben. Die Ausgaben könnten vermutlich über den Verkauf des Buches nicht vollkommen zurück erwirtschaftet werden. Daher ist es nur logisch, einen kleinen Ratgeber als E-Book zu veröffentlichen. Ich bin ein Fan von Ratgebern in E-Book Form. Kurz, knackig und in 30 Minuten zu lesen. So bilde ich mich jeden Tag fort. Das ist ein lieb gewordenes Ritual und kommt

meinem Wissenshunger sehr entgegen.

Mit folgenden elektronischen Geräten ist es möglich ein E-Book zu lesen: eReader, Computer, Tablet PC, iPad, iPhone oder Smart-phones.

Es ist vor allem wichtig, darauf zu achten, in welchem Format ein E-Book angeboten wird. Denn nicht jedes Format ist auf jedem elektronischen Gerät lesbar. Das erläutere ich aber später noch näher.

Es ist ein gewaltiger Vorteil, dass man die Schriftgröße beim Lesegerät ändern kann, was vor allem Menschen mit einer Sehschwäche sehr entgegen kommt. Gerade für mich als Brillenträger ist es entspannend einmal ohne die Lesehilfe zu lesen. Ich kann abends die Brille abnehmen und stelle die Schriftgröße so ein, dass ich es bequem lesen kann. Wer jetzt kommt, ich solle Kontaktlinsen tragen, dem sage ich, dass ein 14 Stundentag mit Brille oder Kontaktlinsen keine Freude ist, danach noch etwas zu lesen zum Entspannen.

Nützlich sind die verschiedenen Funktionen wie z.B. das Suchen von einzelnen Wörtern, die Möglichkeit Lesezeichen zu setzten oder selber Kommentare einzufügen. Am meisten mag ich das Lesen im Dunkeln ohne eine zusätzliche Lampe anzuschalten. So kann ich nachts lesen, wenn alle anderen schlafen. Es stört niemanden, weil ja kein Licht angeschaltet ist.

Da ich viele E-Books in englischer Sprache lese, kommt mir das Wörterbuch gerade recht, wenn ich nach einer exotischen Vokabel suche, die sich nicht aus dem Kontext erschließen lässt und für das Verständnis des Textes wichtig scheint.

Die Zukunft der E-Books ist sicher und wird demnächst unseren Alltag prägen. Da werden die Kinder keine schweren Lehrbücher mehr in die Schule schleppen müssen. Und an jedem Ort ist jedes Buch zu laden, sofern man Internetverbindung hat.
Ich denke, dass E-Books die Zukunft unseres Wissensschatzes sind.

Aber ich bin mir auch sicher, dass es weiterhin Bibliotheken und echte Bücher zu kaufen geben wird. Denn ab und zu mal ein Papierbuch zu lesen oder in einem gedruckten Atlas zu blättern, das hat etwas, was sicher nicht vergehen wird.

2 TRAUM E-BOOK AUTOR

Na, wirst du jetzt denken: was will dieses Kapitel sagen?

Wenn du dieses Buch liest, dann nicht ohne Grund. Du willst ein erfolgreicher E-Book Autor werden. Aber träumst du wirklich davon? Oder willst du einfach nur das schnelle Geld? Reich wirst du mit E-Books leider nicht so leicht. Aber es ist möglich.

Wie jeder Traum bedeutet es auch als angehender Erfolgsautor Arbeit und Geduld, Sitzfleisch und viereckige Augen. Und bis der erste Euro verdient ist, kann durchaus eine ganze Weile vergehen. Bei einem normalen Job bekommst du jeden Monat dein Gehalt für deine geleistete Arbeitszeit. Jetzt frage ich dich: Wie kannst du diesen Betrag erhöhen? Du kannst immer nur so viel Geld verdienen, wie du an Zeit investierst. Der Tag hat nur 24 Stunden, und du brauchst Zeit für Körperpflege, Nahrungsaufnahme und Erholung. Es ist nicht schwer zu erraten, dass du dabei nicht viel Spielraum nach oben hast. Die Rechnung lautet also:

geleistete Arbeitsstunden x Stundenlohn − Steuern = Einkommen.

Der Vertrieb von E-Books gestaltet sich anders. Deine Arbeit ist es, dieses E-Book zu schreiben und zum Verkauf in das Internet zu stellen. Der notwendige Zeitaufwand ist überschaubar. Für manche Autoren ist dies sogar an einem Tag möglich. Auch wenn ich das für bedenklich halte. Mein schnellstes Buch habe ich an einem Wochenende geschrieben und fertiggestellt.

Ab dem Zeitpunkt, ab dem dein Buch online ist, ist deine Arbeit getan. Sobald es jemand im Internet kauft, verdienst du mit deinem E-Book Geld. Ganz egal, ob du zu diesem Zeitpunkt gerade schläfst, in einem Restaurant sitzt oder mit deinen Kindern im Garten spielst.

Diese Möglichkeit bezeichnet man als „Passiveinkommen", und es ist tatsächlich eine der wenigen Methoden, mit der du Geld während deiner Freizeit verdienst.

Ein weiteres Argument, was für Passiveinkommen spricht, ist dein Gesundheitszustand. Es kann immer passieren, dass du aus irgendeinem Grund auf längere Zeit arbeitsunfähig wirst. Wie verdienst du dann deinen Lebensunterhalt? Du kannst dir vorstellen, dass es ganz schnell finanzielle Engpässe geben wird. Vor allem, wenn du eine gesonderte Therapie oder spezielle Medikamente benötigst. Das Passiveinkommen rettet dich ganz sicher.

Ich verspreche dir eines, du wirst erfolgreich werden, wenn du dein erstes Buch geschrieben hast. Niemand schreibt dir vor, was du schreiben sollst. Niemand schreibt dir vor, wie du schreiben sollst. Keiner wird dich vor deinem Erfolg bremsen können, wenn du dich ins Zeug legst.

Mit diesem Buch möchte ich dir zeigen, wie der Traum vom erfolgreichen E-Book Autor für dich näher rückt.

Einer der besten Vorteile bei solch einem E-Book-Projekt ist, dass Dir dabei so gut wie keine Kosten oder gar Folgekosten entstehen.

Wenn dein Buch fertig ist, musst Du es nicht ausdrucken, nicht versenden, du benötigst kein Lager, musst niemanden anstellen, falls der Absatz groß ist, du musst keine lästigen Termine bei der Bank vereinbaren, hast auch kein finanzielles Risiko zu tragen usw. Also alles in allem sehr viele Vorteile im Vergleich zu einer Selbstständigkeit mit materiellen Dingen.

3 WAS BEGEISTERT DICH?

Die Möglichkeiten der Themenwahl für dein E-Book sind unendlich und du kannst deiner Phantasie freien Lauf lassen. Aber ich verstehe vollkommen, wie du dich jetzt wahrscheinlich fühlst. Es gibt so viele Dinge, über die man schreiben kann und im Endeffekt gibt es eigentlich nichts, weil irgendjemand ja schon irgendwo alles geschrieben hat. Aber genau das ist der Punkt. Ein Handy-Hersteller zögert auch nicht, ein neues Smartphone auf den Markt zu bringen, obwohl es ja schon so viele gibt! Sicherlich gibt es viele Handys, aber dieses Neue kann wieder ein wenig mehr und auch besser.

Unser Leben dreht sich ständig um Veränderungen, um Weiterentwicklung. Wäre dem nicht so, würden wir still stehen und das Leben wäre vorüber. Ja, es gibt sehr viele E-Books, aber du hast deine eigene Sicht auf die Dinge. Du stellst das Thema womöglich ganz anders dar, als jemand vor dir. Überleg mal, welche eigenen Erfahrungen du einbringen kannst, die ein anderer gar nicht hat. Dein Leben ist anders, deine Erfahrungen sind anders, du kannst anderen Menschen mit deinem E-Book helfen ... all dass werden wir jetzt gemeinsam analysieren.

Du schreibst schon oder möchtest schreiben? Ja, sonst wärest du nicht beim Lesen dieses Buches oder in meinem Schreibkurs. Wenn Du schon Erfahrung mit dem Schreiben hast, um so besser. Dir schwebt schon eine Idee vor oder besitzt du vielleicht ja schon ein fertiges Skript. In diesem Fall lies es dir noch einmal in Ruhe durch. Prüfe Schritt für Schritt, was ich dir zeigen werde.

Es kann losgehen.

Überlege bei jedem Punkt, den ich dir hier vorstelle, ob du etwas darüber schreiben könntest, ob dich das Thema interessiert oder welche Themen dir sonst noch einfallen. Hierfür benötigst du erst einmal einen Schreibblock oder ein Notizbuch. Verwende für dein Projekt „E-Book schreiben" nur diesen einen Block. Deine Gedanken werden für dich realer, wenn du sie aufschreibst. Dies ist ein ganz einfacher psychologischer Trick.

Persönlich gefragt, arbeite ich am liebsten digital mit einer neuen Arbeitsdatei, die ich in einen eigens dafür geschaffenen Arbeitsordner ablege. In diesem Ordner landen alle notwendigen Dateien, Notizen, Ideen und mein Brainstorming-Kram.

Beginnen wir nun und begeben uns auf die Suche nach einer Idee. Ich werde dir ein paar Denkanstöße auflisten, und sobald du eine Idee dazu hast, schreibst du diese in dein Notizbuch oder wo auch immer. Nimm dir zu jedem einzelnen Punkt ausreichend Zeit, so dass du mit jeder Möglichkeit arbeiten kannst.

Denke bei jeder neuen Idee, die du notierst immer daran, wie dein E-Book deinem Leser helfen kann. Nur wenn es dem Leser nützt, wird er sich für den Kauf deines E-Books entscheiden, dich gut bewerten und andere Bücher von dir kaufen. Versetze Dich in die Lage des Lesers und überlege, warum DU ein E-Book kaufen würdest.

Denke nun einmal darüber nach, zu welchen Themen dich Freunde oder Bekannte um Rat fragen. Dies ist dann oft ein Bereich, in dem du dich gut auskennst und man deine Meinung schätzt.

<u>Familie und Kinder:</u>
Dies ist ein sehr wichtiges und lukratives Thema. Jeder hat Erfahrung mit Menschen. Beziehungsstress oder Harmonie. Eigene Kinder oder nicht, was hältst du davon? Muss man Kinder haben zum Glücklichsein? Kennst du Eltern mit Kindern, die unter dauerndem Stress leiden - und kennst du Eltern, die gar keinen Stress zu kennen scheinen? Was machen die einen falsch und die anderen richtig? Ein guter Punkt für ein interessantes Ratgeber-E-Book.

Du warst einmal selbst ein Kind. Was hast du dir am liebsten zu Weihnachten gewünscht? Was hat dich an Erwachsenen am meisten fasziniert und was hast du am meisten gehasst. Gab es Stress mit Mitschülern? Hattest du Ärger mit Lehrern? Kennst du Spiele für Kinder, die man an Regentagen spielen kann?

In diesem Bereich kannst du dich bestimmt aus einem reichen Erfahrungsschatz bedienen. Nichts ist banal und einfach. Wenn du mit deinen Tipps, Anregungen und auch Gedanken über eine bestimmte Problematik dem Leser hilfreiche Denkanstöße geben kannst, dann werden die Leser dein Buch lieben.

Gesundheit:
Bist du ein Fan klassischer Homöopathie? Oder kennst du dich mit Heilkräutern aus? Dieses Thema bietet eine wunderbare Möglichkeit, dein Wissen andern mitzuteilen. Ich selbst schätze diesen Bereich sehr, da ich vielen meiner Patienten auf alternativem Weg helfen kann, wo die Schulmedizin nicht weiter kommt.

Kennst du Hausmittel bei Zahnschmerzen? Ok, war nur ein Test. Kennst Du einen guten Tipp, wie du dich gegen Migräne schützt? Welche Medikamente würdest du auf eine vierwöchige Urlaubsreise mitnehmen?

Wenn du über Heilmethoden schreiben möchtest, ist es am Wichtigsten, dass du keine Versprechen für Heilung gibst. Du solltest darauf achten, Sätze zu verwenden

wie: „Dies sind meine persönlichen Erfahrungen …
und ersetzen keinen Arzt, Therapeuten oder eine
andere medizinische Beratung." Zudem muss der Leser
immer wieder darauf hingewiesen werden, dass durch
die Einnahme von XY zwar eine Besserung eintreten
kann, und dir Neben-wirkungen nicht bekannt sind,
aber dass diese nicht ausgeschlossen werden können.

Das Thema "Gesundheit" musst du wirklich gut
absichern. Sonst kann es passieren, dass man dich für
deine gut gemeinte Empfehlung verklagen kann. Keine
Angst vor diesem Thema. Schreibe immer dazu, dass
du kein Arzt bist, Nebenwirkungen bislang nicht
bekannt sind, der Leser dies mit seinem Hausarzt
abklären sollte. Schreibe daher zu diesem Thema sehr
sorgfältig.

Hobby:
Du hast ein Hobby und schwärmst beispielsweise für
Briefmarken. Hey, keiner lacht. Ich habe selbst eine alte
Sammlung, die ich hüte wie meinen Augapfel. Aber mir
ist bewusst, dass es NUR ein Hobby ist.

Ich kenne einige gute Philatelisten, die sich für ganz
spezielle Briefmarkenthemen interessieren. Foren zu
dem Hobby gibt es so gut wie keine.
Fragen sind daher sehr häufig, gerade bei Anfängern:
-Wo findet man gute Briefmarken?
-Wie bewahre ich Briefmarken richtig auf?
-Welchen Preis können meine Briefmarken erzielen?
-Und so weiter.

Fast jeder Mensch hat ein Hobby. Hierfür muss man nicht unbedingt einem Verein beigetreten   oder regelmäßig aktiv sein. Im Grunde ist es nur etwas, was du für dich allein und gerne tust. Bist du ein Geocacher und hast Tipps für Neulinge?

Bist du ein Angler, der schon manchen großen Fisch aus dem Wasser gezogen hat? Oder spielst du Golf in der guten Mittelklasse und hast Verhaltenstipps für Anfänger auf dem Platz?

Die Bandbreite hierbei ist endlos und geht von „Geburtstags-kartenbasteln" über „Gemüsebeet bauen aus Schuttsteinen" bis hin zu „Papierflieger für Anfänger".
Mit diesen Beispielen will ich dir deutlich machen, dass wirklich so ziemlich jedes Thema möglich ist. Wenn du jetzt denkst: „Das interessiert doch sowieso niemanden", irrst du dich gewaltig! In unserer heutigen Zeit sind oft die schrägen Gedanken die Besten.

So habe ich einen Bekannten, der schreibt erfolgreich über die Geheimnisse der Koizucht (du kennst diese Fische??). Ja er hat da sogar einen Videokurs, der sich sehr gut verkauft und angeschlossen einen Shop mit Artikeln für die Koizucht. Ich selbst hätte nie gedacht, wie gut sich dieses skurrile Hobby verkaufen lässt.

Ein anderer Freund ist Feuerwehrmann. Hauptberuflich. Als Hobby bastelt er an seinen Autos herum. Daraus hat er ein geniales Geschäft entwickelt. Er bietet Beratung für Gebrauchtwagen, vermittelt Kunden und Verkäufer und er selbst verkauft Autoteile, die er bei einem Verwerter aus alten Fahrzeugen ausbaut. Ich verrate jetzt nicht, dass er damit mehr verdient, als seine Arbeit bei der Feuerwehr einbringt.

Über das eigene Hobby zu schreiben ist für die Meisten sicher sehr interessant.

Tiere - ein besonderes Hobby:

Deutschland zählt zu den Ländern mit den meisten Haustieren. Jeder zweite Haushalt hat mindestens ein Haustier. Diese Statistik ist überwältigend.

Beim Einkaufen kommt man unweigerlich an Tiernahrung und Haustierzubehör vorbei. Katzen, Hunde, Nagetiere, Vögel werden von sehr vielen Menschen gehalten; dieses Themengebiet ist nahezu endlos.

Hast du selbst spezielle Erfahrungen mit Tieren?

Kennst du alternative Heilmethoden für Katzen?

Hast du deinen Hund erfolgreich trainiert?

Oder weißt Du wie man Wellensittiche züchtet?

Ideal sind Bilder von deinem Haustier oder Anekdoten von und mit deinem Haustier.

Der Bereich Haustiere ist sehr ergiebig, und Leser findest du dazu ganz sicher ohne Probleme.

Darum halte dich fest: viele haben sich in diesem Bereich noch nicht etabliert. Diese Kategorie hat noch viel Platz und bietet großes Entwicklungspotential.

Welche Haustiere hattest du oder hast du gerade? Fotografiere deine Tiere. Sammle Ideen für eine gute Story. Welche Fragen könnte jemand stellen, der sich auch so ein Haustier anschaffen möchte? Schon hättest du den Einstieg in ein gutes Haustier-E-Book.

Garten und Pflanzen - ein besonderes Hobby:
Der eigene Garten ist Traum von immer mehr Menschen. Damit wird Freiheit, Entspannung, Gesundheit und Ruhe verbunden. Der eigene Garten wird oft auch zum Ausleben kreativer Ideen genutzt.

Schon einmal was von Vertical gardening gehört? Das ist ein Boombereich aus den USA. Wer zu wenig Platz im Garten hat, der baut einfach ein vertikales Beet. Genial, finde ich. Ein deutsches Buch dazu habe ich noch nirgendwo gefunden. Wäre also hier ein Geheimtipp :-)

Weißt du wie man eine Kräuterspirale selbst baut?
Hast du davon noch Fotos, als du deine eigene gebaut hast?
Kennst du das Geheimnis unkrautfreier Beete? Ha, das Buch würde ich sofort kaufen.
Oder wie werde ich diese schleimigen Nacktschnecken los, die sich immer über die Salate hermachen?

Ein Unterthema wären Pflanzen:
Mit Zimmerpflanzen kannst du dir Leben in die Wohnung holen. Etwas Grünes schafft frische Luft.

Aber wie gelingt es mir, dass die Blumenerde im Zimmer nicht schimmelt?
Wie schaffe ich es, lästige Blattläuse zu entfernen?
Kann ich selbst meine Lieblingspflanzen vermehren?
Das Thema ist ebenfalls unendlich, und es finden sich richtig viele Leser dazu. Oder warum meinst du, gibt es so viele Garten und Pflanzenmagazine jede Woche neu am Kiosk?

War eine Idee für dein erstes Buch dabei? Fein!
Was, du hast gleich mehrere Ideen gefunden? Wahnsinn. Dann lass uns weiter machen.

Aufgaben für dich:
-Finde ein Thema, dass du bearbeiten möchtest.
-Vertiefe und konkretisiere die Idee.
-Notiere einen Arbeitstitel.

4 GUTE WERKZEUGE

Der Erfolg beginnt mit einer Idee, und die erfolgreiche Umsetzung basiert auf guten Werkzeugen. BMW würde keine Top-Fahrzeuge bauen, wenn die Werkzeuge noch aus der Steinzeit stammten.
Beim E-Book Schreiben trifft das nicht ganz zu. Du kannst auch mit einem simplen Notizblock arbeiten und deinen Text in einen PC X86 übertragen. Das bedeutet jedoch eine Menge Arbeit und kann sehr schnell frustrieren.

Textverarbeitung
Wenn du mit einem PC arbeitest, dann hast du sicher eine Textverarbeitung installiert. Ich bin seit der Fertigstellung meiner Dissertation kein Freund mehr von Microsoft Word. Was mich die Formatierung an Zeit und Geduld gefordert hat, mag ich gar nicht beziffern. Es hat mich teilweise Nächte gekostet, mühevoll erstellte Layouts anzupassen, weil die Druckausgabe zu schlecht war und der Probedruck der Druckerei mich jedesmal hunderte D-Mark kostete.

Möglich, dass sich das inzwischen gebessert hat. Aber von schwerwiegenden Problemen höre ich immer wieder. Das halte ich bei dem Preis für das Office Paket für unverzeihbar.

Eine kostenlose Alternative ist OpenOffice, das auf Windows und Mac-OS Rechnern gleichermaßen gut funktioniert. Aber in jedem Fall solltest du deine Texte regelmäßig sichern und für eine Versionsnummerierung sorgen, falls dir einmal dein Text nicht gefällt und du zu einer früheren Version zurück kehren möchtest.

Perfekt finde ich vor allem für den schnellen Zugriff von überall und dem einfachen Versionsmanagement das Schreiben mit Google Doc. Kennst du das schon?

Wenn du einen Google Account hast, kannst du dir einen eigenen Bereich anlegen für Ordner mit Tabellen, Dokumenten, Grafiken und Präsentationen. Ich bin ein großer Fan davon und es erleichtert die Arbeit an meinen Texten enorm. Überall, wo ich mit meinem Rechner bin und Internetzugang besteht, kann ich an meinen Texten arbeiten. Ja, sogar das Teilen der Texte mit anderen, die Zusammenarbeit an einem Dokument beispielsweise gelingt damit sehr gut.

Links:
Google Doc: http://accounts.google.com
Google Drive (Festplatte von Google): http://drive.google.com

Brainstorming Tools

Weiter oben habe ich ja schon geschrieben, dass ich auch Brainstorming-Kram besitze. Für jedes Buch lege ich mir neue Brainstorming Dateien an. Im gewissen Sinn ist es ein sortiertes Ideengeflecht auf einer Seite.

Das kann dann beispielsweise so aussehen:

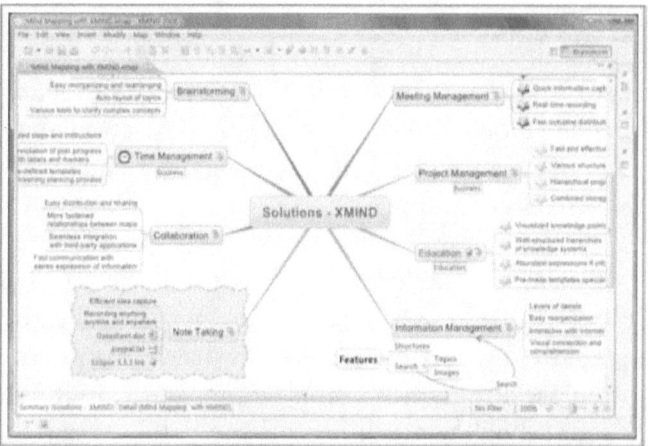

Gern benutze ich Mindnote Pro oder XMind. Beides verhältnismäßig günstige Programme, von denen ich dir hier die Links zu den kostenlosen Light-Versionen gebe.

Natürlich gibt es online auch kostenlose browserbasierte Programme, also solche, die man nicht extra installieren muss, und die online ohne Installation laufen.

Mich persönlich hat davon keines richtig überzeugt.

Links:
Mindnote: http://www.heise.de/download/mindnode-free-1159802.html
XMind: http://www.chip.de/downloads/ XMind_34360761.html
Mind42: http://mind42.com/
ExamTime: http://www.examtime.de/

Grafikprogramme

Für einen selbstverlegenden E-Book-Autor ist es oft eine Herausforderung, mit Bildern und Grafiken zu arbeiten. Doch keine Angst davor. Es ist weder teuer noch zeitintensiv. Es kann sich sogar zu einem netten Zeitvertreib entpuppen.

Hast du noch gar keine Erfahrung mit einem Grafik-Programm, oder wie man Bilder gestaltet, bearbeitet oder gar ein Cover erstellt, dann würde ich dir gern das kostenlose Programm Gimp empfehlen. Damit kannst du sehr schnell wirklich beachtliche Erfolge erzielen. In Youtube gibt es eine ganze Menge Anleitungsvideos, so dass ich an dieser Stelle gar nicht so sehr in die Tiefe gehen möchte.

Für alle Freunde des browserbasierten Arbeitens (Ja, ich hier, geb es ja gern zu), kann ich Sumopaint empfehlen. Die Bedienung ist der von Gimp sehr ähnlich. In der Basisversion ist es ebenfalls kostenlos und macht richtig Spaß, wenn es nicht ab und zu bösartigerweise abstürzen würde.

Das Nonplusultra unter den Grafikprogrammen ist sicherlich Adobe Photoshop. Die neueste Version ist CS6. Für alle Cloudfans ist es die CC Version, die sich automatisch aktualisieren lässt. Letztere kostet im Abo monatlich zwischen 30 und 40 Euro. Schüler zahlen nur 20 Euro im Monat.

Links:
Gimp: http://www.chip.de/downloads/GIMP_12992070.html
Sumopaint: http://www.sumopaint.com/www/
Adobe Photoshop: http://www.adobe.com/de/products/photoshop.html

Eierlegende Wollmilchsau

Wenn Du dein E-Book gut formatieren möchtest, so dass es deine Leser gut lesen können, dann benötigst du nicht zwangsläufig ein zusätzliches Programm. Das kann alles dein Textverarbeitungs-programm, wenn du die richtigen Einstellungen vornimmst und den Text entsprechend ordentlich formatierst.

Doch mag ich das Rumgefummel an den Styles weder bei Word noch bei OpenOffice. Ich mag mich auf den Text konzentrieren, einfach meine Bilder einstellen, auf Knopfdruck das Inhaltsverzeichnis erstellen und mit nur einem Klick mein E-Book fertig formatieren. Und ja, wenn du dich fragst, ob ich jetzt von Weltfrieden träume, ja, das mach ich auch.

Aber es gibt so ein Programm in der Tat. Es nennt sich

Jutoh und kann Unglaubliches. Es spart meine Zeit und erstellt zuverlässig jedes meiner E-Books in einwandfreiem Format.

Das Programm gibt es momentan nur in der englischen Version. Eine deutsche Version wird schon seit über einem Jahr versprochen, aber so weit ich es sehe, ist das ferne Zukunftsmusik.

Link:
Jutoh: http://www.jutoh.com/

Aufgabe für dich:
-Mach dich mit einer Textverarbeitung vertraut (Empfehlung Google Docs).
-Lege einen Arbeitsordner an.
-Erstelle ein Dokument (Arbeitstitel.doc) und lege es in den Arbeitsordner.
Hier findest du eine Word-Datei, die bereits alle wichtigen Gliederungspunkte für dein Buch enthält: http://schreibkurs-online.de/ebook-template/

5 GUT IN DER ZEIT

Ich bin ein großer Fan von Planung und Organisation. Wer Ordnung hält, lebt weniger gefährdet, wer Ziele setzt und diese konsequent bearbeitet, wird erfolgreich.

Ein Ziel ist aber nicht nur die Festlegung des Ergebnisses, sondern damit verbunden auch die Zeit, bis wann das Ziel erreicht werden soll. Nur das ist ein gutes Ziel.

Und wer ambitioniert genug ist, der setzt sich straffe Ziele, die eine gute Organisation der Aufgaben und der Meilensteine erfordern.

Nun will ich dich auf keinen Fall stressen oder unter Druck setzen, doch in meinen Kursen sehe ich immer wieder Leute, die keinen Plan haben, wie sie etwas umsetzen, geschweige denn, wie realistisch die Zielsetzung ist. Wer den Weg genau kennt, kommt auch ans Ziel. Darum wollen wir uns in diesem Abschnitt kümmern.

Wie gesagt will ich dir keinen Stress machen. Darum schreibe ich jetzt nicht, welche Zeit ich mir selbst pro Abschnitt erlaube. Ich schreibe gern und viel, und will meine Ideen möglichst alle noch in diesem Leben umsetzen, auch wenn das übertrieben klingen mag.

Welche Schritte gehe ich konkret? (Diese werde ich dir gleich näher erläutern.):
1. Idee und Thema festlegen (das hast du schon gemacht)
2. Dokument anlegen (hast du auch schon gemacht)
3. Überblick über das Thema
4. Überblick über die Konkurrenz
5. Analyse der Zielgruppe, Suche nach Problemen und Lösungen
6. Sinnvolle Struktur des Buches
7. Struktur mit Inhalt füllen // Beispiele einbauen
8. Bildmaterial recherchieren
9. Inhalt und Bildmaterial zusammenfügen
10. Cover gestalten
11. Korrektur lesen // Lektorat
12. Veröffentlichung
13. Marketing und Kundensupport

Möchtest du es genau wissen? Aber nicht hinterher schimpfen, dass es nicht geht. Es geht in der Tat mit Disziplin und ein wenig Übung. Ich schreibe ein Buch in der Woche. Bedeutet, dass ich alle Schritte von 1 bis 12 in nur 7 Tagen abarbeite.

Hier meine Planung:

1. Idee und Thema festlegen, vorläufigen Titel festlegen, Buchbeschreibung anfertigen -Tag 1
2. Dokument anlegen -Tag 1
3. Überblick über das Thema und Einleitung schreiben -Tag 1 und 2
4. Überblick über meine Konkurrenz -Tag 1 und 2
5. Analyse der Zielgruppe, Suche nach Problemen und Lösungen -Tag 1 und 2
6. Sinnvolle Struktur des Buches -Tag 1 und 2
7. Struktur mit Inhalt füllen // Beispiele einbauen -Tag 2 bis 4
8. Bildmaterial recherchieren -Tag 4
9. Inhalt und Bildmaterial zusammenfügen -Tag 5
10. Cover gestalten -Tag 5
11. Korrektur lesen // Lektorat -Tag 6 und 7
12. Veröffentlichung -Tag 7

Um Marketing und Kundensupport kümmere ich mich dann im Anschluss, wenn das Buch bereits erschienen ist.

Aufgabe für dich:
-Stelle dir einen eigenen Zeitplan auf.
-Arbeite dich durch die einzelnen Schritte hindurch, bis du dein Buch fertig hast.
-Wenn du mehr wissen möchtest, dann lies jetzt weiter, ansonsten starte sofort mit deinem Buch.

6 ANALYSE

Der Punkt Analyse ist einer der wichtigsten Aspekte für den Erfolg deines Buches. Kenne deine Zielgruppe, kenne das Thema und kenne deine Konkurrenz.

Wenn du das berücksichtigst, dann kann dein Buch kein Flop werden, sondern durchaus zu einer Goldgrube. Da man bekanntlich nicht in Gruben fallen möchte, auch wenn sie Gold enthalten, möchte ich dir nun zeigen, worauf du achten solltest.

Zielgruppe

Während ich diesen Text hier schreibe, sehe ich eine Gruppe von interessierten Zuhörern, die fleißig mitschreiben und aufmerksam dem Vortrag lauschen. Diese Gruppe möchte lernen, wie man ein Buch schreibt und bei Amazon erfolgreich einstellt. Bisher haben einige bereits fertige Bücher auf der Festplatte liegen, aber niemand hat je ein Buch veröffentlicht. Es liegt zum einen wohl an der Unwissenheit, was zu tun ist und zum anderem am Mut, eigene Texte einem

Publikum vorzustellen.

Alle meine Zuhörer sind motiviert und jeder will etwas für den eigenen Erfolg leisten. Niemand ist mürrisch und dauernd am Nörgeln. Jeder ist wissbegierig und hungrig auf Informationen.

Hast du auch so ein Bild von deiner Zielgruppe? Wenn nicht, dann wird es Zeit, dir darüber Gedanken zu machen. Wenn du die Träume, Wünsche und Ziele deiner Lesergruppe kennst, kannst du auch genau das bieten, was diese brauchen. Dann wird dein Buch dir aus den Händen gerissen werden. Glaub mir, ich weiß wovon ich spreche.

Woher bekommst du nun mehr Informationen über deine Zielgruppe?

Deine Zielgruppe wird sich über das betreffende Thema zunächst in Google informieren. Dort gehst du auch hin. Google einmal dein Thema. Welche Suchbegriffe verwendest du? Das sind schon mal deine ersten Keywords, die du notieren solltest. Später bei der Einstellung deines Buches bei Amazon bekommst du die Möglichkeit, eigene Keywords für dein Buch festzulegen, mit deren Hilfe dein Buch in den Suchergebnissen bei Amazon gefunden wird.

Nun suchst du gezielt nach Blogs und Foren zu deinem Thema. Je mehr, desto besser. Das scheint ein Wiederspruch zu sein. Ist es aber nicht, denn das zeigt an, dass ein großer Bedarf an Informationen in diesem Bereich bestehen. Sieh dir die typischen Fragen an, welche Probleme beschäftigen die Leute im Forum? Schreibe die Fragen auf. Und wenn du dazu gleich die Lösungen findest, auch mit aufschreiben.

Erkennst du die Typen deiner Zielgruppe? Sind es eher Mütter mit kleinen Kindern, oder Großväter, die gerne mit Holz bauen?
Je klarer dein Bild von deiner Zielgruppe ist, desto besser kannst du dein Buch schreiben, weil du ein Bild deiner idealen Zielperson vor Augen hast.

Thema
Kenne dein Thema. Je mehr du über das Thema liest, desto mehr wirst du auch wissen. Ideal ist es jedoch, wenn du selbst gerade mit dem Thema angefangen hast. Denn dann kennst du die Fragen, die man als Neuling hat. Du kannst dich selbst in die Person hineinversetzen, die nach Antworten sucht. Eindeutig dein Vorteil.

Wenn du schon weiter in dem Thema bist, zögere nicht und schreibe zwei Bücher. Eines für Einsteiger oder Neulinge und eines für Fortgeschrittene, mit denen du dich noch besser identifizieren kannst.

So nun zur Analyse deines Themas.
1. Lies mindestens 3 Bücher dazu. Entweder E-Books oder richtige Bücher, aus der Bibliothek oder gekauft.
2. Verfolge 2-3 Blogs, die regelmäßig etwas zum Thema beitragen. Lies ein paar Tage in Foren mit. Welche aktuellen Fragen gibt es dazu?

Mach dir dazu Notizen, die du folgendermaßen kennzeichnest:

> *Problem*: häufig vs. selten

> *Frage*: Anfänger vs. Fortgeschritten

> *Ziel* der Kunden

> *Fallbeispiel*

Welche Lösungen sind besonders gelungen? Schreibe diese mit eigenen Worten auf oder versuche die Frage und die Antwort zu sprechen. Nimm dazu ein Diktiergerät zu Hilfe, das du später abhören und die Formulierungen abschreiben kannst.

Welche Aspekte bietet dein Thema über die Fragen und Probleme hinaus?
Hat das Thema erst seit kurzem Relevanz oder hat es sich über die letzten Jahre entwickelt? Was führt zu dem Thema? Verstehst du, was ich meine?

Hier ein Beispiel:
Wilfred Lindo (ein befreundeter Autor) schreibt klasse Bücher über das iPhone (auch iPad und viele weitere Geräte). Das Thema betrifft also iPhone Nutzer. Da Apple regelmäßig Updates seiner Betriebssysteme bringt, ist es für die Nutzer oft eine Herausforderung, die Bedienung zu lernen, sich mit neuen Features auseinanderzusetzen oder die Effizienz mit dem Gerät

zu steigern. Vor 10 Jahren hätte das Thema vermutlich nur ein Zehntel der aktuellen Leserschaft gefunden.

Anderes Beispiel:
Kekse backen für Weihnachten. Dieses Thema liebe ich, meine Kinder backen gern und verzieren die Kekse noch lieber. Also hier gibt es eine lange Tradition. Davon solltest du in der Einleitung berichten. Auch welche Varianten es gibt, was du persönlich gerne magst und was eher nicht. Kennst du eine Anekdote zum Keksebacken oder einen besonders heißen Tipp, wie die Kuvertüre am besten auf Haselnussplätzchen haftet?

Siehst du, jedes Thema bietet über die Fragen und Probleme der Leser hinaus Material, was du in der Einleitung verwenden kannst, als Auflockerung oder zur Veranschaulichung.

Wettbewerb
Kennst du die Bücher, die bereits zu deinem Thema erschienen sind?
Was macht diese Bücher aus?
Haben sie gute oder viele schlechte Rezensionen?

Gut, gehen wir strategisch vor.
Notiere die Bücher in einer Extra Datei: Titel, Autor, Seitenzahl, Erscheinungsdatum, Verkaufsrang, Anzahl der Rezensionen und aktuelle Bewertungssterne.

Lies die positiven Rezensionen.

Was wird an dem Buch besonders positiv gesehen: Inhalt, Struktur, hilfreiche Tipps, Umfang des Buches.

Lies die negativen Rezensionen.
Was wird kritisiert: Inhalt, Formatierung, Umfang des Buches, Schreibfehler

Mache dir dazu jeweils Stichpunkte. Alle positiven Aspekte sollte dein Buch bieten. Alle negativen Kritiken solltest du tunlichst vermeiden.

Aufgaben für dich:
-Lege eine Datei an, welche deine Zielgruppe genau charakterisiert.
-In einer weiteren Datei sammele Informationen zu deinem Thema.
-Stelle die Konkurrenzbücher in einer anderen Datei gegenüber.

7 DEIN BUCH

Du hast ja bereits eine Arbeitsdatei angelegt, in die du den Inhalt für dein Buch schreibst. Die Datei, die ich dir als Vorlage gegeben habe, ist wirklich nur zur Orientierung gedacht.

Link: http://schreibkurs-online.de/ebook-template/

Ein Buch besteht aus der Titelseite, gefolgt von einem Copyright. Meist kommt danach das Inhaltsverzeichnis, das du am Ende erstellst, sobald du dein Buch fertig strukturiert und geschrieben hast.

Das erste Kapitel ist die Einleitung. Hier kannst du dir überlegen, wie du den Leser an den Inhalt heranführst. Dabei hast du folgende Möglichkeiten:
-historische Entwicklung des Themas

-Daten und Fakten (mit Quelle)

-Problemstellung

-eigene Geschichte, die dich mit dem Thema verknüpft

-Warum hast du das Buch geschrieben?

-Was erwartet den Leser?

Die Einleitung führt den Leser quasi zum Kern des Buches. Mach die Einleitung nicht zu lang, aber doch so lang, dass der Leser mehr über das Thema, dich oder die Hintergründe der Problematik erfährt.

Im nun folgenden Teil des Buches kommt die eigentliche Struktur des Themas, welche du im Vorfeld ausgearbeitet hast. Gliedere in Haupt- und Unterpunkte. Am besten du leitest jeden Haupt- oder Unterpunkt mit einer Frage ein. Das hilft dir beim Schreiben und vor allem beim täglichen Beginn, wenn du dich nach einer Pause erneut an den Text setzt.

Du kannst die Fragen durchaus im fertigen Buch stehen lassen, damit der Leser weiß, was ihn ihm folgenden Abschnitt erwartet. Doch halte ich das für überflüssig, wenn du die Überschriften der Kapitel entsprechend aussagekräftig wählst.

Baue Fallbeispiele ein, einerseits kann sich der Leser selbst ein Bild machen und gleichzeitig motiviert dies deine Leser, die gegebenen Tipps umzusetzen.

Verwende Grafiken und Bilder. Zum einen zur Verdeutlichung des Inhaltes und zum anderen zur Auflockerung des Textes. Ich liebe Bücher mit Abbildungen. Du auch?

Beachte unbedingt die Urheberrechte von Bildern, die

du verwendest. Jedes Bild, das du nicht selbst erstellt hast, sollte entsprechend gekennzeichnet werden, und du musst die Bildquelle benennen (Fotolia beispielsweise).

Kopierst du Bilder einfach so aus dem Netz, kannst du schon einmal deinen Anwalt informieren und dich auf eine Urheberrechts-verletzungsklage (wow, langes Wort) gefasst machen. Pass also bei Bildern immer gut auf.

Auch selbst fotografierte Bilder sind nicht ganz ohne. Sind öffentliche Gebäude, Plätze oder Personen zu erkennen? Dann hole dir die entsprechende Genehmigung ein.

Ich weiß, das klingt ein wenig übertrieben vorsichtig, doch kann ich dir hier nur zu mehr Vorsicht raten, als du glauben magst. Wenn Du beispielsweise den Alexanderplatz in Berlin fotografierst, sollte dies kein Problem sein, denn es ist ein häufiges Motiv und Gemeinwohl. Hast du aber vor, einen Reiseführer über Cornwall zu schreiben und du willst Bilder des Lost Garden of Heligan veröffentlichen, Bilder, die du selbst geknipst hast, dann könnte der Betreiber der Gartenanlage durchaus gegen dich vorgehen. Frage daher besser vor der Veröffentlichung nach. Am besten bereits vor dem Fotografieren.

Wenn du Zitate verwendest oder Textpassagen von jemandem übernimmst, dann bitte - bitte - bitte, achte auf eine ordentliche Kennzeichnung des Zitates und gib die Quellen an. Die Quellen kannst du am Ende des

Buches, noch nach der Zusammenfassung als eine Liste aufführen. Setze den zitierten Textabschnitt am besten in Anführungszeichen "Zitat-Text in Anführungszeichen" und dahinter die Quellennummer oder gleich den Autor benennen (Quelle Nummer 3 siehe Anhang) oder (G. Michaels, 2004).

Die Zusammenfassung am Ende eines Buches halte ich für sehr wichtig. Diese rundet ein Thema ab. Hier kann der Leser in komprimierter Form die Kernaussagen des Buches zusammengefasst lesen.
Hast du dein Versprechen aus der Buchbeschreibung gehalten? Dann musst du das in der Zusammenfassung zeigen.
Und vergiss nicht die Aufforderung für eine gute Bewertung des Buches. Das macht der Leser gern, wenn du ihm geholfen hast und ihm das Buch gefiel.

Dein Buch ist nicht nur der Inhalt, den du schreiben wirst, sondern auch das Ganze herum um das Buch. Buchbeschreibung, Keywords, Cover, Kategorieauswahl - das alles gehört zu deinem Buch dazu.

Magic-Keywords
Zu den Keywords. Diese helfen dem Leser bei der Suche in Amazon, ein Buch zu finden.
Wenn du für dein Thema recherchierst, welche Suchbegriffe gibst du bei Amazon ein? Das sind doch schon einmal klasse Keywords.

Ein Buch wird bei Amazon durch zweierlei Aspekte gefunden:
1. anhand der Kategorie, welche du für dein Buch gewählt und 2. anhand der Keywords in Titel, Beschreibung, Rezensionen und den Keywords, die du beim Einstellen des Buches eingetragen hast.

Der Titel ist wichtig und auch die Buchbeschreibung. Zusätzlich kannst du beim Einstellen deines Buches bis zu 7 Keywords eingeben, also Begriffe, die der Kunde sucht, um dein Buch zu finden.

Je besser du weißt, welche Suchbegriffe oft eingegeben werden, desto eher wird dein Buch gefunden werden und in den Suchergebnissen gezeigt.

Hier ein Beispiel: Ich habe eine Kindergeschichte über einen Drachen geschrieben. Diese Geschichte hatte ich ursprünglich mit den Keywords Drache, Kinder, Vorlesen, Geschichte, Kindergeschichte, Drachengeschichte und Vorlesegeschichte. Für mich erschienen diese Keywords als gute Keywords. Doch irgendwann habe ich gesehen, dass in meinen Bewertungen der Begriff Gute-Nacht-Geschichte auftauchte. Schwupps habe ich dies als Keyword verwendet. Es war unglaublich, wie meine Verkaufszahlen explodierten. Dann habe ich gesehen, dass ich plötzlich auf Platz 1 der Charts in der Kategorie Gute-Nacht-Geschichten war. Phänomenal.

Ich kann dir also nur raten, optimiere deine Keywords,

bis sich deine Verkaufszahlen ordentlich verbessern.

Wenn du dir mit den Keywords nicht sicher bist, dann biete ich dir hier an, deine Keywords zu optimieren und die richtigen Keywords für dich zu finden.

Link:
http://www.gigalo.de/gig/fuer-5-euro-recherchiere-ich-dir-7-top-keywords

Eine Buchbeschreibung, die verkauft
Ehe ich ein Buch strukturiere, beginne ich mit der Buchbeschreibung. So kann ich mich auf das Thema einstellen, ich weiß, was der Leser erwartet und ich kann meine Ziele bereits in der Buchbeschreibung festhalten. Da will ich hin. So ein tolles Buch werde ich jetzt schreiben.

Die Buchbeschreibung sollte alle Vorteile aufzeigen, die der Leser haben wird, wenn er dein Buch kauft und liest.
-Was bietet dein Buch?
-Bei welchem Problem hilft dein Buch?
-Wie schnell kann der Kunde sein Problem lösen?
-Warum ist dein Buch das Beste?
-Bietest du nachvollziehbare Checklisten?
Schreibe die Buchbeschreibung so, dass der Kunde gar nicht anders kann, als dein Buch zu kaufen.

Falls es dir schwer fällt, eine gelungene Buchbeschreibung zu erstellen, dann helfe ich dir gern dabei. Hier gelangst du zu meinem Angebot. Für 5 Euro erstelle ich dir eine :-) Killer-Buchbeschreibung :-)

Link:
http://www.gigalo.de/gig/fuer-5-euro-schreibe-ich-dir-eine-top-buchbeschreibung

Was gehört noch zu deinem Buch?
Ein guter Titel und ein guter Untertitel. Je prägnanter und interessanter du deinen Titel wählst, desto aufmerksamer werden die potentiellen Kunden auf dein Buch.

Schau dir einmal die Titel deiner Konkurrenten an.
-Sagt der Titel etwas über den Nutzen des Buches aus?
-Ist im Titel ein Keyword enthalten?
-Kann der Nutzer schon am Titel erkennen, wie ihm das Buch helfen wird?

Überlege dir einen guten Titel und einen aussagekräftigen Untertitel. Wenn du das richtig machst, wird dein Buch ebenfalls sehr schnell viele Leser finden.
Übrigens kannst du später nach Veröffentlichung deines Buches, den Titel immer wieder ändern.

Das selbe gilt für dein Cover.

Dein Buch bekommt ein tolles Cover

Du musst dich von deiner Konkurrenz abheben. Das macht ein toller Titel und ein einzigartiges Cover, welches am besten nach einem guten Grafiker aussieht.

Du solltest beim Cover besonderen Wert auf die Lesbarkeit und Wiedererkennbarkeit legen.
Wenn du ein Cover bildschirmfüllend betrachtest und es sieht wirklich gut aus, kann es dennoch in verkleinerter Form auf der Amazonseite vollkommen unterirdisch sein.

Weil:
a- der Text nicht lesbar ist
b- die Details in der Verkleinerung nicht herauskommen
c- die Farben die Wirkung des Titels beeinträchtigen

Sieh dich bei Amazon um. Es gibt einige gute Cover, wenige höchst professionelle und sehr viele richtig schlechte Cover.
Willst du, dass dein Buch von vielen Lesern bemerkt wird, dann gib dir beim Cover Mühe.

Du kannst ein Cover selbst erstellen, wenn du dir das zutraust, oder du gibst dein Cover bei einem Grafiker in Auftrag. Nicht selten kosten gute Cover zwischen 50 und 200 Euro.

Aber auch hier kann ich dir helfen. Für 5 Euro erstelle ich dir ein professionelles Cover. Dafür benötige ich deinen Titel, deinen Untertitel, einen Autornamen und wenn du hast auch ein Bild, welches mit auf dem Cover erscheinen soll.

Du kannst dein Cover nach der Veröffentlichung deines Buches ebenfalls jederzeit ändern, so oft du möchtest. Das kann ich dir nur empfehlen. Probiere neue Cover aus und schau, wie sich das jeweilige Cover auf die Verkaufszahlen auswirkt.

Aber ändere immer nur ein Detail, also entweder einen neuen Titel oder ein neues Cover oder einen anderen Preis, denn sonst weißt du gar nicht, was die Verkaufszahlen letztlich ansteigen liess.

Covererstellung mit einfachen Mitteln

Du kannst ein Cover mit deiner Textverarbeitung erstellen, doch wirst du nicht sehr flexibel sein. Bilder sind einfach zu integrieren. Den Titel kannst du in Größe, Schriftart und Erscheinung anpassen. Aber sehr viele sogenannten Layer sind nicht möglich, um dem Titelbild eine vollendete Note zu geben.

Versuche daher dein Cover mit einem Bildbearbeitungsprogramm wie Gimp oder Sumopaint zu erstellen. Damit kannst du sehr schöne Collagen aus Bildern erstellen, die zu deinem Thema passen. Fantastische Effekte mit Text und Bildern sind möglich, die dein Cover aufwerten.

Daneben gibt es die kostenlose Coversoftware von

Amazon selbst. Der Link zum Cover-Creator findet sich auf der ersten Seite, wo du dein E-Book bei Amazon hochlädst.

Es gibt aber auch sehr gute online Programme zum Covererstellen, die browserbasiert funktionieren, also nicht installiert werden müssen.
Die Webseite myecovermaker.com kann ich dir sehr empfehlen, auch wenn es nicht kostenlos ist. Damit sind sogar 3D Cover möglich und fantastische Bilder, die man sehr gut bei Facebook oder der eigenen Webseite einsetzen kann.

Links:
Cover-Hilfe: http://www.gigalo.de/gig/fuer-5-euro-bekommst-du-ein-professionelles-ebook-cover
Cover Ideen: http://www.goonwrite.com/

Aufgaben für dich:
-Schreibe die Struktur in dein Buch: Einleitung, Hauptteil, Schluss / Zusammenfassung und dazu immer mindestens eine Fragestellung.
-Suche nach den besten Keywords für dein Buch (7 Stück).
-Schreibe deine vorläufige Buchbeschreibung (mindestens 150 Wörter) und baue ein paar Keywords sinnvoll ein.
-Erstelle einen Titel und einen Untertitel, möglichst wieder mit ein oder zwei Keywords.
-Erstelle ein Cover (Größe: 1563 Pixel x 2500 Pixel - Breite x Höhe).

8 SCHREIBE DEIN BUCH

In meinen Kursen kann ich es nicht oft genug erzählen: Jeder kann schreiben. Du kannst sicher den Film nacherzählen, den du letztens angesehen hast, oder? Na, dann kannst du auch schreiben.
Hast du schon einmal einen Brief bzw. eine E-Mail geschrieben? Dann kannst du auch ein Buch schreiben.

Es geht letztlich nicht darum, den Literaturnobelpreis zu gewinnen. Aber ich rate dir, deinen Lesern immer ehrlichen und guten Inhalt zu liefern. Denn nur so kannst du langfristig Erfolg haben.

Das bedeutet auch, dass du nicht einfach fremde Texte übernehmen solltest, ohne diese als Zitat zu kennzeichnen. Wenn es überhaupt sein muss. Schreibe den selben Text einfach mit deinen eigenen Worten. Baue ihn so um, dass er neue Informationen bringt oder sich leichter und verständlicher lesen lässt.

Im Folgenden Abschnitt möchte ich dir ein paar Tipps

zum Schreiben geben. Diese habe ich in den viele Jahrzehnten meiner Schreibtätigkeit angesammelt und haben sich bewährt.

1. Wenn du regelmäßig schreibst, wirst du mit der Zeit immer besser. Ich schreibe jeden Tag mindestens ein bis zwei Stunden. Mal werden es mehr Seiten, mal sind es weniger. Auf jeden Fall mache ich es wirklich jeden Tag.

2. Deine Schreibzeit ist heilig. Wenn du schreibst, dann solltest du dich von Nichts und Niemandem ablenken lassen. Für die meisten steht nur wenig Zeit zum Schreiben zur Verfügung.
Wenn du wirklich etwas schaffen möchtest, dann lass dich nicht ablenken.

3. Meine beste Schreibzeit ist in den frühen Morgenstunden, wenn alle noch schlafen und es ruhig im Haus ist.
Wann kannst du am besten schreiben? Finde es heraus. Es wird sich in jedem Fall auf die Qualität deiner Texte auswirken. Schreibst du am liebsten abends, weil dir da die besten Ideen kommen, und du dich vom Alltag ablenken kannst? Oder schreibst du lieber in der Mittagspause? Finde es heraus !

4. Fange einfach zu schreiben an. Nimm dir die Struktur deines Buches hervor. Gehe Punkt für Punkt durch. Dort, wo dir etwas einfällt, beginnst du. Ich selbst schreibe zu jedem Strukturpunkt bereits eine

Frage. Diese versuche ich dann beim nächsten Durcharbeiten zu beantworten. Das erleichtert mir den Einstieg beim Schreiben am nächsten Tag erheblich.

5. Trenne deine Schreibzeit von deiner Recherchezeit. Wenn du beim Schreiben bist, dann kommst du unweigerlich an einen Punkt, an dem du eine klitzekleine Information benötigst. Wenn du jetzt mit der Recherche beginnst, wird es sehr schwer werden, wieder dort mit dem Schreiben weiter zu machen. Ich mache an dieser Stelle eine Markierung (3x ein X oder XYZ oder eine Zeile nur mit ++++++). So finde ich die Stelle wieder, wenn ich mich später dem Recherchieren widme.

6. Schreibe die Buchbeschreibung als Einstieg. Bevor du mit dem eigentlichen Buch beginnst, schreibe eine vorläufige Buchbeschreibung. Was erwartet der Leser, wenn er dein Buch lesen wird? Wie kannst du ihm dabei helfen. Ist dein Buch die ultimative (blödes Wort) Informationsquelle für das Thema? In der Buchbeschreibung wird für dich bereits vor dem Schreiben klar, was unbedingt in das Buch hinein muss. Bevor du mit der Buchbeschreibung beginnst, lies noch einmal alle Fragen durch, die auf Foren und in Blogs geschrieben wurden. Gehe ebenfalls die Kritiken deiner Konkurrenzbücher durch, damit du dein Buch mit Hilfe der Buchbeschreibung bereits deutlich vom Rest abheben kannst.

7. Die Zusammenfassung am Ende deines Buches

schreibst du direkt nach der Buchbeschreibung. Denn in der Zusammenfassung kannst du auf alle Punkte der Buchbeschreibung noch einmal eingehen. Schreibe, was deine Leser in deinem Buch erfahren und gelernt haben. Und dann bittest du am Ende des Buches um eine positive Bewertung, wenn der Leser zufrieden mit deinen Informationen war.

8. Ich liebe Fallbeispiele und deine Leser werden es ebenfalls tun. Denn durch Fallbeispiele erhältst du die Möglichkeit komplexe Zusammenhänge einfacher darzustellen, in dem du nachvollziehbare Fälle aufführst, in denen sich dein Leser wieder findet. Einige Autoren schreiben Fallbeispiele aus der eigenen Sicht, was den Expertenstatus des Autors anhebt und zugleich mit dem Autor verbindet.

Beispielsweise wenn es um das Thema Abnehmen geht: schreibt der Autor die besten Tipps zum Abnehmen aus der eigenen Perspektive, wie er selbst es geschafft hat, dann ist der Leser sehr aufmerksam und will die Tipps am besten selbst gleich umsetzen.

9. Noch einmal zum Thema Ideen, wenn dir wirklich gar nichts einfallen sollte, dann empfehle ich dir mal einen Spaziergang zum nächsten Kiosk. Bei uns ist einer in 500 Metern Entfernung am S-Bahnhof. Dort sehe ich regelmäßig die Zeitschriften durch.

Was spricht mich an?

Welche Tipps kann ich gebrauchen?

Worüber könnte ich auch etwas schreiben?

Wenn du nicht aus dem Haus gehen möchtest und sofort eine Ideen haben willst, kann ich dir Folgendes empfehlen. Aber ich halte die Variante aus dem Haus zu gehen und frische Luft zu schnappen für besser :-) Gehe zu www.zeitschriften-cover.de und durchforste einmal deine Lieblingsthemen. Dort bekommst du aktuelle Cover der letzten Ausgaben und siehst sofort, welche Themen interessant sind. Was spricht dich an? So findest du sicher eine coole Idee.

10. Als Autor kannst du nicht den ganzen Tag am Schreibtisch sitzen. Du brauchst auch einmal frische Luft und Ablenkung. Ich kann dir wirklich nur raten, dich regelmäßig zu bewegen. Setze dir eine Stunde Schreibzeit fest. Stell den Wecker. Schreibe in dieser Zeit deine 2000 Wörter oder mehr und mache danach mindestens 30 Minuten Pause. Bewege deine Glieder. Lockere dich. Geh Spazieren. Mach die Wäsche. Harke im Garten das Laub zusammen oder kehre vor deiner Tür ein wenig mit dem Besen. Hauptsache du machst etwas, das nicht mit Schreiben zu tun hat.
Dies ist ebenfalls hilfreich, wenn du keine Idee hast, wie du weiter schreiben könntest. Wenn du den Faden verloren hast.

Aufgaben für dich:
-Schreibe jeden Tag mindestens 30 Minuten ununterbrochen. Das kann ein Tagebuch sein, ein Blog oder ein Forum. Wichtig ist, dass du Schreibpraxis bekommst. Denn nur so kannst du dich verbessern. Das Schreiben wird dir leichter fallen. Dein Ausdruck

wird sich verbessern und die Lesbarkeit deiner Texte wird um einiges besser.

-Lies jeden Tag mindestens 30 Minuten. Wer viel liest, frischt seinen Wortschatz auf, der kann sich selbst besser ausdrücken und Gedanken in Worte fassen. Darum ist meine Empfehlung jeden Tag zu lesen.

-Finde deine beste Schreibzeit.

-Schalte beim Schreiben alle Störquellen ab.

-Konzentriere dich auf dein Buch, trenne Schreiben und Recherchieren.

-Gehe nach dem Schreiben an die frische Luft, bewege dich.

9 INHALTSVERZEICHNIS ERSTELLEN

Das Besondere an E-Books ist für mich vor allem das Inhaltsverzeichnis, welches es mir als Leser erlaubt, dynamisch zum gewünschten Kapitel zu springen. Das Blättern in einem Buch hat sicher auch etwas, aber hey, die Lebenszeit ist kostbar und wenn es so eine schnelle Methode gibt, ans Ziel zu kommen, dann freut mich das :-)

Ein dynamisches Inhaltsverzeichnis ist demnach etwas ganz Besonderes, das die meisten Leser gern nutzen, auch wenn es in einem Roman beispielsweise keinen wirklichen Sinn macht und von einigen Anbietern gefordert wird.

Dies mit Word zu erstellen ist ein wenig umständlich. Zunächst erstellst du mit Word oder Open Office ein Inhaltsverzeichnis.

Hier ist ein Video, wie du mit Word ein Inhaltsverzeichnis erstellst.

Link:
http://youtu.be/zA_PI1s9cRI

Hier ist ein Video, wie du mit Open Office ein Inhaltsverzeichnis erstellst.
Link:
http://youtu.be/IQ_bSbMZjNM

Anschließend speicherst du dein Dokument ganz normal ab.

Gehe nun zu Google Docs und importiere deine Datei.

Dazu einfach den Pfeil anklicken und deine gespeicherte Datei auswählen. Prüfe sogleich, ob die Inhaltsverzeichnislinks funktionieren. Dazu einfach mit der Maus in das Inhaltsverzeichnis klicken und den runden Aktualisierungspfeil klicken. Die Speicherung übernimmt Google Docs automatisch.

Anschließend exportierst du die Datei als PDF-File. Achte dabei darauf, dass du alle erstellten Links und Marker / Lesezeichen mit exportierst. Jetzt hast du ein PDF Dokument, in dem das Inhaltsverzeichnis steht und einwandfrei funktioniert.

Aufgabe für dich:
-Erstelle ein Inhaltsverzeichnis in deinem Textverarbeitungs-programm.

10 FORMATIERE DEIN BUCH

Hier geht es jetzt um die Formatfrage. In welchem Format du dein Buch anbietest ist im Grunde egal, denn auch als Word-Dokument oder im HTML Format kannst du dein Buch verkaufen.

Hierbei musst du allerdings beachten, dass Jeder deine Texte einfach verändern kann und sogar als eigenes Buch weiterverkaufen könnte.

Um dies zumindest zu erschweren, hast du bei den meisten Schreibprogrammen die Möglichkeit, das Dokument als PDF (portable document format) abzuspeichern. In dem Format von Adobe Acrobat ist eine nachträgliche Bearbeitung nur schwer möglich. Selbstverständlich gibt es immer Möglichkeiten auch dies zu umgehen, aber ist oft teuer und umständlich und von daher eher auch wieder unwahrscheinlich.

Das gängige Format PDF kann auf allen Computern und Tablets gelesen werden, auf denen der kostenlose

Acrobat Reader oder eine kompatible App installiert ist. Leider gibt es hier den Nachteil, dass die meisten eReader das E-Book nicht korrekt anzeigen und dann festgelegte Absätze, Zeilenumbrüche oder Einteilungen der Seiten ohne Konvertierung nicht wie vorgesehen dargestellt werden.

Abhilfe schafft ein kostenloses Programm, das es dir ermöglicht, dein PDF-Dokument in verschiedene eReader-Formate umzuwandeln. Dieses Programm ist Calibre, welches du kostenlos downloaden kannst.

Mit Calibre kannst du auf deinem PC die E-Books in verschiedene Formate umwandeln und anzeigen lassen. Das ist sehr praktisch, um einzelne eReader-Modelle zu simulieren. So kannst du deinen Text in der Vorschau auf einem simulierten Kindle, iPad, Sony PRS oder Tolino betrachten, bevor du dein Buch zum Verkauf anderen anbietest.

Hier findest du eine einfache deutsche Video-Anleitung.

Das PDF-Dokument in ein anderes Format umzuwandeln, ist wirklich einfach. Hast du das Programm "calibre" installiert, öffne es bitte.

Zuerst klickst du auf das Symbol oben links „Bücher hinzufügen". Ein Fenster mit deiner Ordnerstruktur wird geöffnet. Nun wähle den Pfad aus, wo du dein PDF-Dokument gespeichert hast. Öffne dieses.

Calibre importiert jetzt die Datei und zeigt sie anschließend in der Bücherliste an.

Wähle dein E-Book aus (1.) und klicke dann auf den

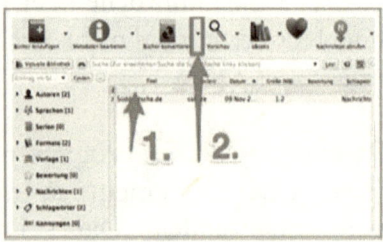

kleinen Pfeil rechts neben dem Symbol „Bücher konvertieren" (2.).

Drücke auf „einzeln konvertieren". Das Programm wechselt nun in eine andere Übersicht, in der du verschiedene Optionen auswählen kannst. Hier kannst du noch einmal Titel, Autor, Titelbild und zusätzliche Angaben verändern.

Wenn alles zu deiner Zufriedenheit angezeigt wird, kannst du mit der Konvertierung in das gewünschte Format beginnen.

Oben auf der rechten Seite des Fensters steht das Feld „Ausgabeformat" und dahinter ein Listenfeld, in welchem "mobi" oder „epub" voreingestellt ist.

Du wählst nun das passende Format aus der umfassenden Liste an Formatierungsvorlagen, indem du auf den kleinen Pfeil neben dem Format klickst. Danach musst du nur noch auf das „OK" unten rechts klicken und schon beginnt die Formatierung.

Mit ein paar Klicks in diesem kostenlosen Programm erhältst du ein professionelles eReader-Format.

Sehr einfach und komfortabel, stimmts :-)

Klickst du nun auf den Titel deines Werkes, wird dir die aktuelle Ansicht angezeigt.

Auf der rechten Seite des Fensters werden dir stets die Formate angezeigt, in die du bereits umgewandelt hast, und wenn du auf „Pfad" „Zum Öffnen klicken" drückst, wird dir angezeigt, wo die Dokumente gespeichert sind.
Das Programm ist sehr gut, weil du diese Konvertierung so oft wiederholen kannst, bis du dein Buch in allen gängigen Formaten erstellt hast.

Links:
Calibre: www.calibre.de
Calibre-Videoanleitung: http://www.youtube.com/watch?v=BM-2Mmr9VcI

Gängige Formate
ePub: So nennt sich das von den meisten eReadern unterstützte Format. Derweil gibt es bei diesem Format sogar die Möglichkeit, neben der individuellen Gestaltung von Texten auch Töne und Bilder einzufügen und Videos darzustellen.

PDF: Die meisten Dokumente, die im Internet verfügbar sind, werden in diesem Dateiformat angeboten. Die meisten eReader können dieses Format darstellen. Leider kann die Darstellung der Texte nicht optimal oder sehr schlecht sein. Das stört beim Lesen enorm.

<u>MOBI</u>: Dieses Format wird von Amazon verwendet und ist für den eReader Kindle von Amazon bestens geeignet. Willst du dein Buch bei Amazon anbieten, dann empfehle ich dir dieses Format.

Aufgabe für dich:
-Erstelle dein Dokument und wandele es mit calibre in das .mobi Format um.
-Teste Calibre und mache dich mit den Einstellungsmöglichkeiten vertraut.

11 HILFESTELLUNG

Ich weiß, dass das alles viel auf einmal ist. Und mein erstes Buch hat mich auch einige Nerven gekostet. Doch ist für deinen Erfolg entscheidend, dass du dran bleibst. Beiß dich durch. Du schaffst das. Da bin ich sicher. Da sind schon ganz andere als du durchgekommen.

Verzweifele nicht.

Die erste Anlaufstelle für Hilfe und vor allem weiterführende Informationen findest du im Literaturcafe:

http://bit.ly/literaturcafe

Ebenfalls sehr umfangreiche Hilfe bietet Matthias Mattig auf seiner Seite:

http://www.selfpublisherbibel.de/

Fragen beantwortet auch Johannes Zum Winkel auf seiner neuen Seite:

http://www.ebookboss.de/

Falls dir diese Seite noch nicht weiterhelfen konnten, gibt es sehr viele hilfreiche Autoren auf Facebook. Dort sind sie in Gruppen organisiert und helfen bei Fragen rasch und zuverlässig. Dazu suchst du in der FacebookSuche einfach nach deutschsprachigen Autorengruppen. Hier ein paar Beispiele:

http://bit.ly/deutschekindleautoren
http://bit.ly/clubebookautoren
http://bit.ly/kindlearbeitsgruppe
http://bit.ly/buchstabenjunkies

12 EINSTELLEN BEI AMAZON

Ein Buch bei Amazon zu verkaufen ist gar nicht schwierig. Das schaffst du sicher auch.

Folge einfach der Anleitung:

Schritt 1: Anmelden bei KDP - http:// kdp.amazon.com

Dafür kannst du einfach deinen Amazon-Account verwenden. Du kannst aber auch einen ganz neuen KDP Account anlegen, wenn du möchtest.
Übrigens die Sprache kannst du in der oberen Leiste

ganz rechts auf Deutsch einstellen.

Schritt 2: Buch einstellen

Drücke auf den gelben Button "Einen neuen Titel

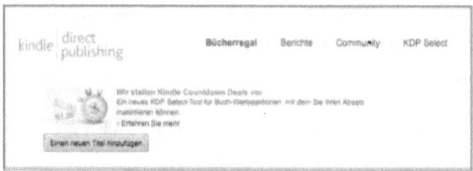

hinzufügen" und du kommst in die Einstellungen für dein Buch.

Schritt 3: Buchdetails eintragen

Gib den Titel und dahinter deinen Untertitel an.
Mein Tipp: setze in Klammern ruhig noch ein
Keyword. Dann wird dein Buch besser gefunden.

Die folgenden Angaben sind nicht unbedingt
notwendig: Serie, Versionsnummer und Verlag.

In den Kasten für die Buchbeschreibung kannst du
deine fertige Buchbeschreibung hinein kopieren.

Trage bei Mitwirkende deinen Namen ein. Sind weitere
Personen am Buch beteiligt gewesen (Illustrator,
Herausgeber etc.), ergänze diese.

Du kannst nun die Sprache deines Buches festlegen
und ein Veröffentlichungsdatum, wenn du möchtest.

Sofern du über eine ISBN verfügst, kannst du diese
ebenfalls eintragen.

Lege nun fest, ob dein Buch gemeinfrei ist, oder nicht.
Das überlasse ich dir. Ich selbst klicke auf „nicht
gemeinfrei", um den Inhalt zu schützen, da ich das
Buch ja selbst geschrieben habe.

Nun ist es wichtig, zwei gute Kategorien für dein Buch
auszuwählen. Ideal sind zwei verschiedene Kategorien,
denn so kannst du Leser ansprechen, die gar nicht auf
die Idee gekommen wären, in einer anderen Kategorie
zu suchen.

Beispielsweise handelt dein Buch von Gartenpflanzen. Logischer-weise wählst du die Kategorie Gartenarbeit>Allgemein. Clever ist es nun als zweite Kategorie Körper, Geist, Seele>Heilung>Energie zu wählen, denn wer findet mehr Energie und Entspannung als beim Gartenarbeiten?

Weiter gibst du nun deine sieben Keywords ein. Trenne die einzelnen Keywords durch ein Komma. Ein Keyword kann dabei auch zwei oder mehr Worte enthalten (Wortgruppe), dazwischen einfach kein Komma setzen.

Schritt 4: Cover einstellen
Du klickst auf den Button "Nach einem Bild durchsuchen". Sogleich öffnet sich ein Fenster uns zeigt die Ordnerstruktur deiner Festplatte an. Suche nach deinem erstellten Cover. Wähle es aus und lade es hoch.
Achte darauf, dass es im .jpg Format vorliegt. Mit .png Dateien kann das System nichts anfangen und bricht

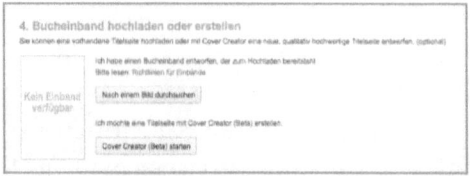

den Upload vorzeitig ab.
Du siehst hier auch einen Button "Cover Creator (Beta)". Dies kannst du gern einmal versuchen.

Amazon bastelt hier immer wieder an Neuerungen, so dass ein Blick sicher lohnenswert ist.

Schritt 5: E-Book Datei laden

Aktiviere bitte die digitale Rechteverwaltung und dann klicke auf "Durchsuchen". In der Ordnerübersicht

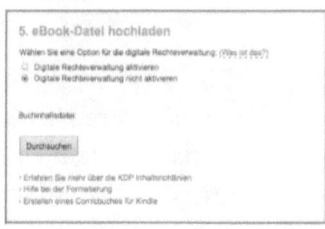

deiner Festplatte suchst du nach deiner .mobi Buchdatei. Klicke diese an und lade sie hoch.

Dieser Vorgang kann eine Weile dauern, da Amazon die Datei kontrolliert und in der Datenbank ablegt. Hierbei wird nicht der Inhalt geprüft, sondern ob die Datei vom Format her passt.

Ist das geschafft, gibt Amazon dir die Möglichkeit, noch im selben Browserfenster dein Buch in einem virtuellen Kindle zu betrachten und sogar darin herumzublättern.

Schritt 6: Speichern und zur nächsten Seite

Klicke nun auf "Speichern und Fortfahren", um zur nächsten Seite zu gelangen.

Schritt 7: Veröffentlichungsgebiet

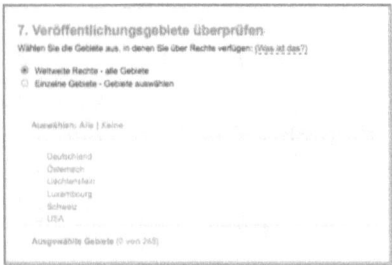

Diese Einstellung kannst du durchaus so stehen lassen. Meine Erfahrung zeigt, dass in dem einen oder anderen Land auch Leser sind, die deutschsprachige Bücher kaufen.

Schritt 8: Preisgestaltung

Wir haben uns ja noch keine Gedanken zum Preis deines Buches gemacht. Aber keine Sorge, du kannst den einmal eingestellten Preis jederzeit ändern.

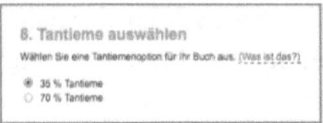

Zunächst einmal kannst du auswählen, ob du 35% der Einnahmen bekommen möchtest. Dann kannst du dein Buch für günstige 99 Cent anbieten. Oder ob du 70% der Einnahmen bekommen willst. Dann musst du den Preis des Buches jedoch höher ansetzen, und Kosten für Auslieferung werden zusätzlich auf dich zukommen. Diese Kosten sind im einstelligen Centbereich, wenn du dein Buch für unter 10 Euro anbietest.

Warum Lieferkosten? Ganz einfach: je größer die Datei deines Buches, desto mehr belastest du damit den Server von Amazon (Speicherplatz und Streamingvolumen). Das lässt sich Amazon bezahlen.

Lege nun den Preis für dein Buch fest. Welche Höhe du einstellen solltest, kann ich dir nicht so einfach beantworten. Vieles ist intuitiv und müsstest du testen, welcher Preis angemessen ist. Ich sage mal für ein 3 seitiges Buch 17 Euro zu verlangen ist Abzocke. Aber für ein 20 seitiges Buch kannst du durchaus 2-3 Euro verlangen. So viel kostet ein Kaffee bei unserem Italiener um die Ecke.

Aber teste ruhig immer mal wieder unterschiedliche Preise. Gerade am Wochenende gibt es viele interessierte Kunden, die sich bei Amazon umsehen und Bücher kaufen. Manche fallen regelrecht in einen Kaufrausch, bei so günstigen Buchpreisen. Darum teste ich Preise am liebsten am Freitagabend übers Wochenende verteilt.

Schritt 9: Kindle-Matchbook

Dies ist interessant, wenn du dein Buch auch als gedruckte Version bei Amazon anbietest. Denn wenn du hier das Kästchen markierst, können Käufer deines

9. Kindle MatchBook

☐ Dieses Buch beim Kindle MatchBook-Programm anmelden. [Details] gedruckten Buches (falls du es gedruckt anbietest) auch dein E-Book kostenlos herunter laden.

Da gibt dir Amazon noch einmal zusätzliches Geld. Es ist nicht viel pro E-Book, aber immerhin :-)

Schritt 10: Kindle-Buch-Ausleihe

Premium-Kunden bei Amazon können sich maximal ein Buch pro Monat kostenlos ausleihen. Wenn du dein Buch dafür anmelden möchtest, bekommst du für jedes verliehene Buch zusätzliche Einnahmen.

Hier gilt wieder einmal: Kleinvieh macht auch Mist.

Schritt 11: Speichern und Veröffentlichen

Bevor du den gelben Button drückst, darfst du nicht vergessen das nebenstehende Kästchen zu markieren.

Danach solltest du etwas Geduld aufbringen. Dein Buch wird nun bei Amazon verarbeitet :-) Ich sehe es gelassen, wenn eines meiner Babys seinen Platz bei Amazon einnimmt und dort dem Licht der Welt entgegenblickt. Spätestens nach 24 Stunden bekommst du eine Nachricht von Amazon, dass dein Buch jetzt live ist. Dann kannst du dein eigenes Buch bei Amazon ansehen und dich freuen.

Aufgabe für dich:
-Stelle dein Buch in Amazon ein.
-Lege den Preis erst einmal bei 99 Cent fest, du erleichterst ersten Interessenten und

Schnäppchenjägern den Weg zu deinem Buch, welches in Amazon erst einmal etabliert werden muss. Später kannst du den Preis noch anheben.

13 MARKETING FÜR DEIN BUCH

Nun ist es endlich so weit! Du hast dein E-Book fertig gestellt und online bei Amazon. Hey, das ist großartig. Da wollen viele hin, die wenigsten setzen das Vorhaben bis zur letzten Seite um.
Jetzt geht es daran, dein Buch bekannt zu machen und erste Kunden zu gewinnen.

Natürlich kannst du deine Familie und Freunde bitten, das Buch zu kaufen und zu rezensieren. Das ist legitim und macht wohl jeder Autor so. Richtig erfolgreich wird dein Buch jedoch, wenn du es wesentlich weiter bekannt machst. Dafür steht dir das komplette Internet zur Verfügung, darüber solltest du dein Werk promoten.

Jetzt klinge ich sicher wie viele bekannte Internetmarketer, wenn ich sage, dass du eine eigene Seite, einen Blog und Social-Media benötigst. Ok, das ist schön zu haben, aber nicht unbedingt ein Muss.

Du hast ja in früheren Arbeitsschritten zu deinem Buch einige Recherchearbeit geleistet. Blogs und Foren gefunden. Hier kannst du dein Buch als hilfreiche Quelle angeben. Aber bitte, gehe mit Gefühl vor. Schnell wirst du als Spammer vom Forum verbannt oder im Blog gelöscht. Versuche mit den potentiellen Interessenten erst einmal Kontakt aufzunehmen. Hilf ihnen, wenn du kannst. Stelle passende Fragen, gib freundliche Antworten. Und wenn du der Meinung bist, hey, dieses Buch könnte dir weiterhelfen, dann bietest du dein Buch an oder gibst einen dezenten Hinweis, dass du alle diese Fragen in deinem Buch ausführlich beantwortest.

Neben einem eigenen Blog, einer eigenen Fanseite bei Facebook und einem Twitteraccount kannst du Werbekanäle wie Google Adwords benutzen oder auch die günstigere Alternative auf Facebook-Werbung zurück greifen. Hiermit lassen sich zielgruppenspezifische Werbeanzeigen platzieren, die nicht viel kosten und dennoch reichlich Kunden bringen.

Ich persönlich mag Google AdWords nicht, da es mir zu viele verwirrende Optionen bietet, in die ich keine Zeit investieren möchte, bis ich da durchgestiegen bin und Unmengen an Geld ausgebe, ohne einen wirklich lohnenden Effekt zu bemerken. Vielmehr will ich weitere Ideen in Bücher verwandeln.

Daher setze ich auf Facebookwerbung, die günstig,

schnell eingerichtet und gut zu analysieren ist.

Facebook bietet noch weitere Möglichkeiten, dein Buch bekannt zu machen und Facebookfreunde als Helfer zu engagieren.

Dein Buch braucht in jedem Fall viele Käufer (möglichst alle an einem Tag, so früh nach Veröffentlichung wie möglich) und viele gute Rezensionen (4-5 Sterne), ebenfalls so früh wie möglich.

Dies kannst du zum Start deines Buches nicht allein durch Verwandte und Freunde erreichen. Spätestens beim dritten oder vierten Buch lässt die Bereitschaft von Freunden und Verwandten nach, dich dabei zu unterstützen.

Hilfreich ist eine aktive Autorengruppe, in der die Mitglieder die selben Ziele verfolgen, selbst reichlich Bücher schreiben und sich aktiv gegenseitig unterstützen.

Vor allem im englischsprachigen Raum findet diese Methode einen großen Zuspruch und hat vielen Indieautoren zu unglaublicher Bekanntheit verholfen.

Dies funktioniert bei uns genauso. Wenn zwar nicht so hohe Umsatzzahlen erreicht werden, da die deutschsprachigen Leser in einer viel geringeren Menge vorhanden sind. Das macht jedoch nichts, für ein solides Einkommen und zunehmende Bekanntheit reichen die ersten Anschubkäufe durch 20 oder 30 helfende Partner.

Du kannst nun folgendermaßen vorgehen. Es gibt zwei einfache Wege:

1. Du suchst in Facebook nach Gruppen von Indieautoren. Verwende die Suchbegriffe: ebook, gruppe, autor, deutsch, amazon, kindle (ja absichtlich klein geschrieben :-) - den Suchmaschinen ist es vollkommen egal, ob der Suchbegriff groß oder klein geschrieben wurde).

Es gibt bei Facebook eine einfache Methode, die Suche auszuweiten:
-Gib den Suchbegriff ein: ebook.
-Drücke nicht auf Enter, sondern gehe mit dem Mauszeiger in der Suchleiste unten auf "weitere Ergebnisse für *** anzeigen".
-Nun bekommst du eine Auflistung von Gruppen, Fanseiten oder Nutzern, die zu dem Suchbegriff passen.
-Du erkennst an der Anzahl an Mitgliedern, Likes oder Fans, wie mächtig eine Gruppe oder eine Fanseite ist.

2. Du gründest eine eigene Gruppe und lädst dir dazu Freunde ein, die dich unterstützen wollen. Aber vor allem lade andere Autoren ein, mit denen du in Kontakt bist, um euch gegenseitig zu unterstützen.

Wenn du möchtest, sende mir eine Nachricht auf Facebook, dann helfe ich dir weiter, dich mit anderen Autoren zu vernetzen.

Link:
https://www.facebook.com/KathrinHamann

Wie geht es weiter?
Immer wenn du ein Buch veröffentlicht hast, schreibst du eine Nachricht an dein Autorennetzwerk und legst einen Tag fest, an dem dein Buch für 99 Cent zu kaufen ist. An diesem Tag sollten möglichst viele dein Buch kaufen, damit es im Amazon Ranking steigt und so von anderen noch besser gefunden wird.
Du kannst deine vernetzten Autoren auch zu einer kostenlosen Werbeaktion einladen, doch habe ich festgestellt, dass dies nicht den Effekt auf das Ranking hat, wie bei einer 99 Cent-Kaufaktion.
Versuche es selbst, du wirst erstaunt sein, wie schnell dein neues Buch im Ranking nach oben geht.

Ein Marketinginstrument solltest du als Amazon-Autor unbedingt kennen.

Die Autoren-Zentrale.

Mit Hilfe der Autoren-Zentrale = "Author Central" kannst du deine Leser mit Bildern und Informationen über dich und deine Bücher füttern. Stelle dich vor. Am besten mit einem schönen Profilbild.

Du kannst alle deine Bücher vorstellen und einige Bilder hinzufügen.

Mit einem eigenen Blog innerhalb von Amazon kannst du über dein Schreiben und kommende Bücher berichten, und so Leser auf deine Bücher aufmerksam machen. Neue Bücher von dir werden mit dieser Methode sehr sehr schnell gefunden und die Verkaufszahlen werden dich belohnen.

Link:
http://authorcentral.amazon.de/

Aufgabe für dich:
-Gehe zu Facebook und erstelle ein Posting über dein Buch + Link zu Amazon.

-Promote nun dieses Posting, damit es bei möglichst vielen im Facebookstream erscheint. Für die Promotion reichen erst einmal 5-10 Euro, es soll ja ein erster Test sein.

-Suche in Facebook nach E-Book-Autoren Gruppen, wo du dein Buch vorstellen kannst und wo du andere Autoren findest, denen du helfen kannst (mit Kauf und Rezension), und die dir dann ebenfalls helfen.

-Erstelle dein eigenes Amazon-Autoren-Profil und schreibe einen Text von mind. 100 Wörtern über dich und dein Buch.

14 ERFOLGSSTRATEGIEN

Ich kenne einige Autoren, die mit ihrem ersten Buch einen so grandiosen Erfolg hatten, dass sie voller Motivation zum nächsten Buch eilten.
Bei anderen Autoren stellte sich der Erfolg erst mit dem zweiten oder dritten Buch ein.
Und wieder andere Autoren sind erfolgreich durch eine Menge an Büchern, die sie bei Amazon verkaufen.

Was will ich damit sagen? Du solltest auf gar keinen Fall erwarten, dass dein erstes Buch ein grandioser Kassenschlager wird. Bleib bescheiden, freue dich über dein Erstlingswerk. Du hast damit Beachtliches geleistet, was viele nicht schaffen, weil ihnen die Umsetzungskraft fehlt.

Du wirst jedoch erstaunt sein, wie schnell du mit Hilfe von Amazon 1000 Euro verdienen kannst, und das mit einem einmal geschriebenen Buch. Damit komme ich nun zum Versprechen, das ich dir mit dem Titel des Buches gegeben habe.

Wie du deine ersten 1000 Euro mit deinem einmal geschriebenen Buch verdienen kannst.

Der Verkauf deines Buch startet, sobald dein Buch online ist. Lass dich nicht verunsichern, wenn nicht gleich am ersten Tag ein Verkauf stattfindet. Dafür ist der Wettbewerb inzwischen zu groß. Doch garantiere ich dir, dass dein Buch dir in der kommenden Zeit 1000 Euro und mehr einbringen wird und zwar regelmäßig.

Relevante Elemente für den Erfolg deines Buches sind:
-ein gutes Thema - mit einer großen Zielgruppe
-ein gutes Cover - das Auge kauft mit
-eine gute Buchbeschreibung - für wen wird was geboten, warum Leser dieses Buch kaufen sollten
-Inhalt - der gut geschrieben ist und wirklich das liefert, was Cover und Beschreibung versprechen
-gutes Marketing - damit dein Buch auch gefunden wird

Ruhe dich nicht auf dem Erfolg deines ersten Buches aus, schreibe dein nächstes Buch. Das kann ich nicht oft genug wiederholen, denn selbst wenn dein Erstling ein Nischendasein fristet und nur wenige Leser findet, mit deinem nächsten Buch steigen die Erfolgschancen auch für dein Erstlingswerk.

Egal ob du einen Ratgeber oder einen Roman schreibst, je mehr du veröffentlichst, desto besser wirst du werden. Glaub mir, mein erstes Buch habe ich nach

Veröffentlichung mehrmals deaktiviert, umgeschrieben, überarbeitet, und es ist längst nicht so erfolgreich, wie mein drittes oder erst mein viertes Buch.

Mit der Zeit hat sich das Schreiben verselbständigt. Es vergeht kein Tag, an dem ich nicht mindestens eine Stunde schreibe. Und es vergeht keine Stunde, in der ich nicht über eine neue Buchidee stolpere :-)

Und wie schön ist es, am Ende der Woche die Verkaufszahlen aufzurufen. Und noch schöner ist der monatliche Betrag, den Amazon mir überweist :-)

Nach Adam Riese (du kennst den Lehrer, der die Mathematik auf einfache Weise in einem Buch erklärt hat?) steigt der monatliche Betrag, mit der Anzahl an Büchern, die ich verkaufe. Und je mehr verschiedene Titel ich bei Amazon anbiete, desto schneller steigen meine Verkäufe. Das wird bei dir nicht anders sein. Versprochen!

Nicht nur dass du durch das regelmäßige Schreiben deinen Schreibstil verbesserst und neue Bücher erschaffst, du kannst damit dein Einkommen potenzieren. Und das zu einem sogenannten passiven Dauereinkommen sichern. Passives Einkommen - damit meine ich Geld, für das du einmal gearbeitet hast, und das dir dauerhaft aufs Konto überwiesen wird, ob du Urlaub mast oder deinen Hobbies nachgehst.

Das klingt fantastisch und ist noch vor einigen Jahren unmöglich gewesen. Schien ein Mythos zu sein, mit dem Werbeleute uns Geld aus der Tasche ziehen wollten. Doch heute ist es möglich.

Lass dich von dem Virus (ja so will ich es bezeichnen) infizieren. Wenn du regelmäßig Geld von Amazon bekommen möchtest, für eine einmal erledigte Arbeit, dann beginnt deine Transformation zu einem freien Menschen, dessen Ziele in greifbare Nähe rücken.

Was du in meinem Buch hier gelernt und einmal erfolgreich angewendet hast, das kannst du immer wiederholen.

Wenn du also dein erstes Buch fertig geschrieben hast, dann lass es mich wissen. Gern kaufe ich es und schenke dir eine Rezension. Dein Erfolg ist mir eine riesige Freude, lass mich wissen, wenn du soweit bist!

Und bevor ich es vergesse - hier liest du ja inzwischen eine erweiterte und überarbeitete Version - bitte schreibe mir, wenn dir Schreibfehler, Tippfehler oder Logikfehler auffallen :-)

Dann kann ich diese verbessern, denn trotz sorgfältiger Überarbeitung, Kontrolle und Lektorat ist es möglich, dass sich kleine Fehler einschleichen und gemeinerweise verborgen bleiben. Es ist nicht meine Absicht, dich mit lieblosem Text zu verärgern. Und mit Kommata bin ich grundsätzlich geizig, es sei denn sie sind für das Verständnis eines Satzes wichtig :-)

Wenn dir mein Buch gefallen hat, dann freue ich mich

über eine Rezension von dir! Danke!

So nun leg los - warte nicht lange. Greif zum Stift oder hau in die Tasten.

Viele Grüße

Kathrin Hamann

Deine